AF305787

COLLECTION T. TESSE

DE DOUAI

VENTE PUBLIQUE

du 10 au 15 Février 1913

au domicile de feu M. TESSE, 19, rue de Paris

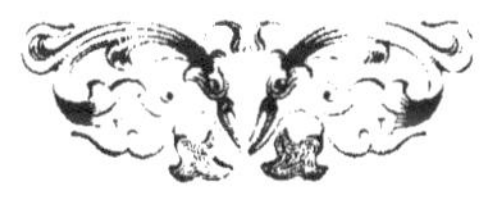

M. Rodolphe BASSÉE

Commissaire-Priseur

CONDITIONS DE LA VENTE

Elle sera faite au comptant et sans garantie.

Les adjudicataires paieront onze pour cent en sus des enchères.

Douai, Imprimerie BASSÉE, 12, rue Gambetta

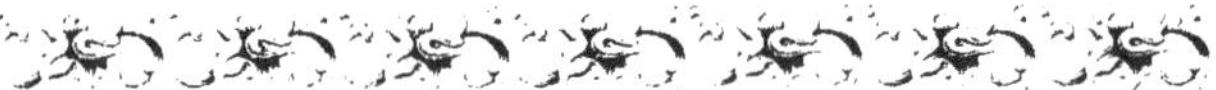

TABLEAUX ANCIENS
& MODERNES

PASTELS ET GRAVURES

HANS MEMLINC
(1425. - Ecole Flamande)

1. *TRIPTYQUE*

Panneau de milieu

L'Adoration des Mages

La Sainte-Vierge, le front rayonnant d'or et richement vêtue, tient sur ses genoux l'Enfant Jésus ; de la main droite, elle tient un riche vase d'orfèvrerie que vient de lui offrir un des Rois Mages, agenouillé et priant sous un riche costume de cardinal. Les deux autres Mages tiennent de riches présents.

Panneau de gauche

L'Annonciation

Sur une banderole : Ave gratia plena dominus tecum.

Panneau de droite

La Présentation au Temple

Panneaux H. 1 m., L. 1 m. 60

BREUGHEL DE VELOURS

(1568-1625 — Ecole Flamande)

2. La fuite en Egypte

Au premier plan à l'ombre d'arbres chargés de fruits, parmi les fleurs, les oiseaux et les insectes, la Sainte Vierge est assise sur un banc et tient l'Enfant Jésus sur ses genoux.

A l'arrière-plan, se dirigeant vers une pièce d'eau que baigne un groupe d'habitations, Saint-Joseph conduit l'âne se désaltérer.

Cuivre, H. 0 m. 40, L. 0 m. 65

GOVAERTS

(1595)

3. La Sainte Famille

A l'ombre de grands arbres, la Sainte Famille se repose et dans un joli ciel bleu, des oiseaux volent. Au second plan, la perspective d'une ville se découvre entre des colines.

Panneau, H. 0 m. 65, L. 0 m. 80

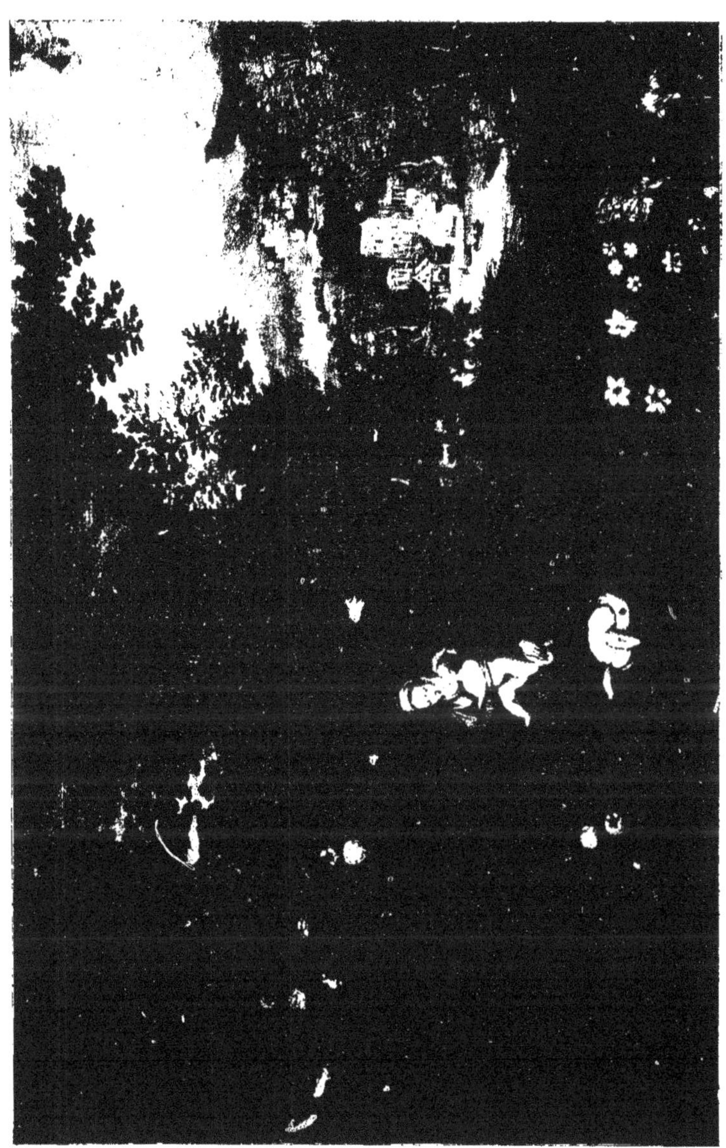

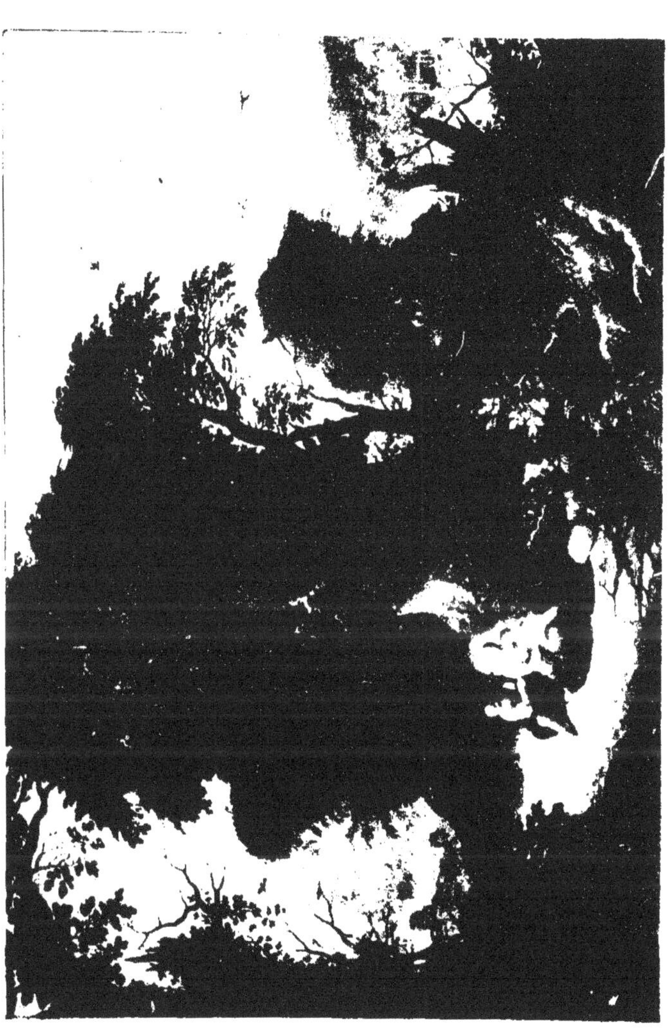

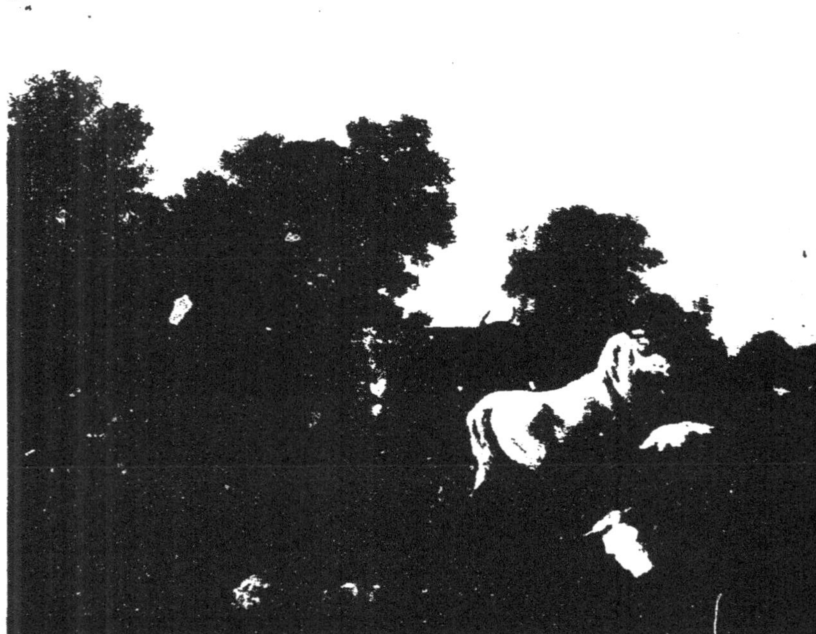

N° 1

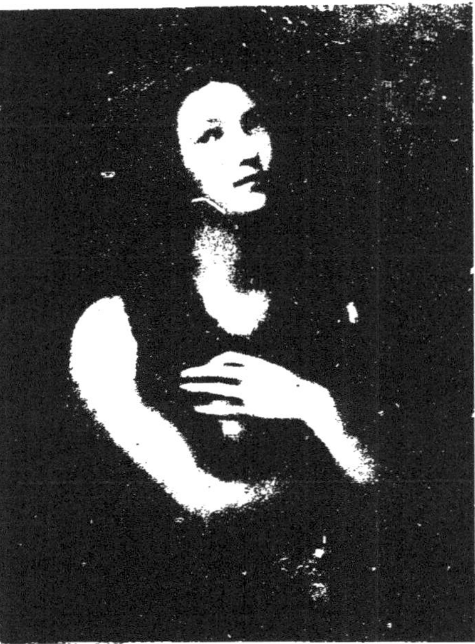

N° 5

BERNADINO LUINI
(1460-1515 — École de Vinci)

4. La Madeleine pénitente

La Sainte est près de sa caverne de la Sainte Baume, près d'Aix-en-Provence. Les hagiographes disent que pendant tout le temps de sa longue pénitence, elle n'eût d'autres vêtements que ses cheveux qui lui couvraient tout le corps. Devant elle, la fiole de cristal qui contenait ses larmes, et qui fut jusqu'à la Révolution française une relique vénérée sous le nom de la Sainte Ampoule.

Panneau, H. 0 m. 72, L. 0 m. 55

VAN DEN BERGEN
(XVIIe Siècle)

5. Paysage

Des vaches, des chèvres et un cheval dans un chemin au bord d'un bois. A gauche, une femme allaitant son enfant.

Toile, H. 0 m. 40, L. 0 m. 54

FREDERICK DE MOUCHERON
(1633-1686)

6. Chasse au chevreuil, Paysage.

Dans un paysage montagneux et ensoleillé, au bord d'un étang, des cavaliers chassent un chevreuil.

Toile, H. 0 m. 50, L. 0 m. 75

Jean MOSTAERT

7. Guillaume d'Aquitaine.

Tableau double face, personnages.

Panneau

GREUZE

8. 9. L'Innocence, La Boudeuse.

Têtes d'Enfants.

Toiles, H. 0 m. 45, L. 0 m. 38

WATTEAU

10. 11. Scènes de Carnaval.

Tableaux à personnages

Panneaux, 0 m. 35, L. 0 m. 28

VIDAL VINCENT
(1812)

12. 13. Pastels

Dans des bouquets supportés par des branches, se trouvent des nids d'oiseaux.

H. 0 m. 72, L. 0 m. 50

N° 6

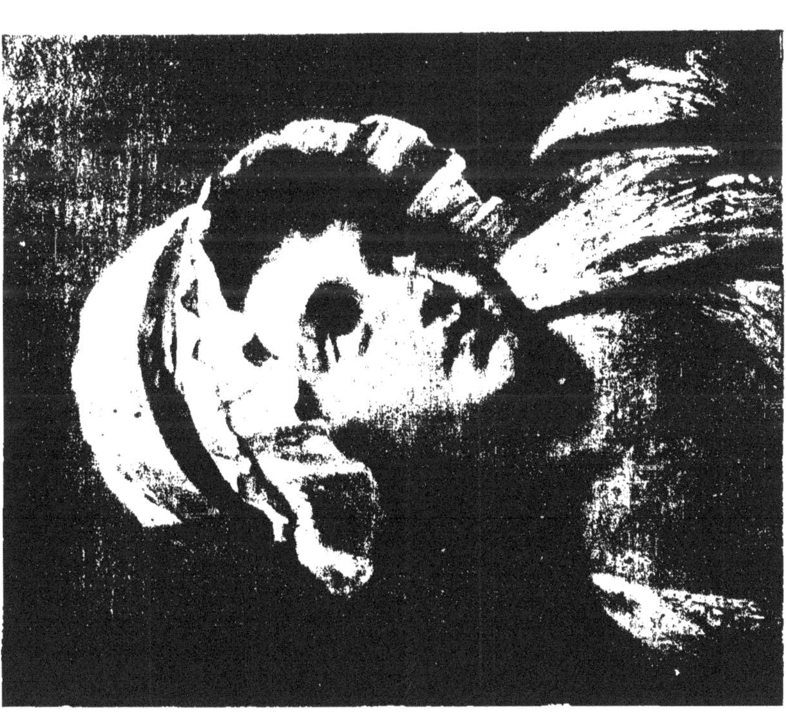

N.º 8

N.º 9

WOUTERMAERTENS
(1855)

14. Paysage

Un troupeau de moutons repose sur une coline boisée.

Ce tableau est authentifié au dos par l'auteur.

Panneau, H. 0 m. 31, L. 0 m. 40

GUDIN
(1802)

15. Marine

Des pêcheurs rentrent au port.

Toile, H. 0 m. 40, L. 0 m. 53

Pierre BILLET

16. La gardeuse de moutons

Une jeune fille à la figure fine et très expressive, sous les habits d'une gardeuse de moutons, est assise sur le bord d'une crête. Elle surveille au loin son troupeau qui pâture sous bois, à l'ombre de grands ormes.

Toile, H. 0 m. 83, L. 0 m. 62

Ce Tableau est une des grandes pages du Maitre, une œuvre qui tient un rang distingué et qui est considérée comme le chef-d'œuvre de Pierre Billet, bien connu dans notre région.

GUILLEMER

17. Paysage

Grand tableau daté de 1877, et représentant un sous-bois pris dans la forêt de Fontainebleau.

Toile, H. 0 m. 87, L. 1 m. 23

Edwin LANDSEER
(1803)

18. Vie basse et vie relevée. — Deux chiens

Deux King's charls couchés sur une couverture reposent sur le parquet d'un appartement.

Toile, H. 0 m. 50, L. 0 m. 60

19. Le Gâteau des Rois,

D'après la peinture de Greuze, gravé par le sculpteur Flipart en 1777. Vendue chez J.-B. Greuze, rue Thibaudauré, à Paris.

20. La Dame Bienfaisante,

D'après la peinture de Greuze, gravé par Massart en 1778 et vendue chez J.-B. Greuze.

21. Tableaux et Gravures diverses

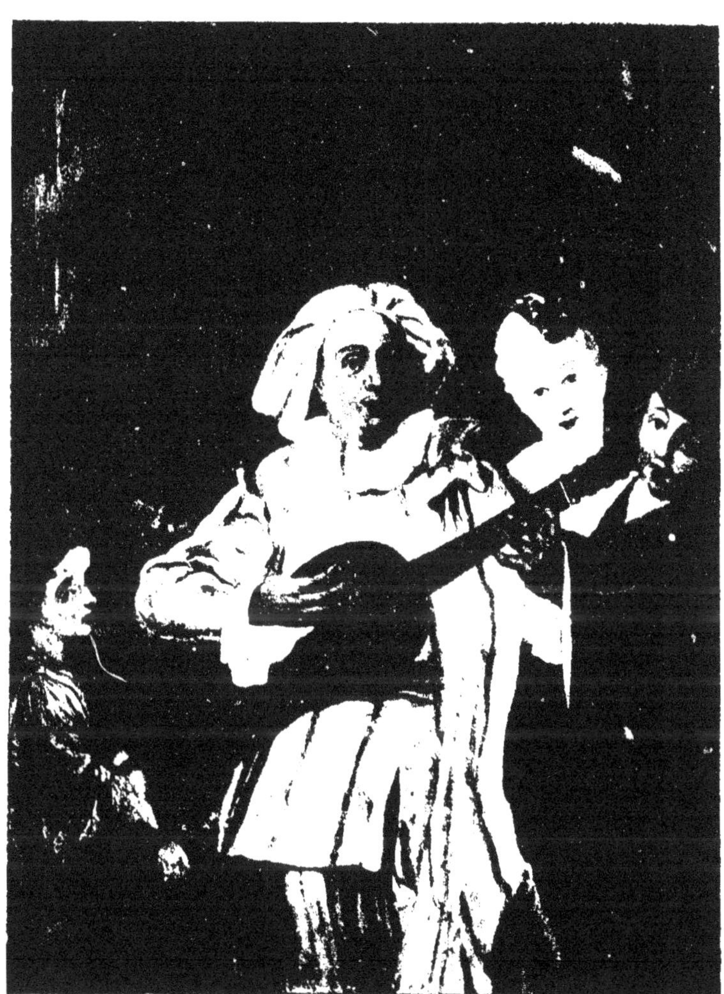

N.o 10

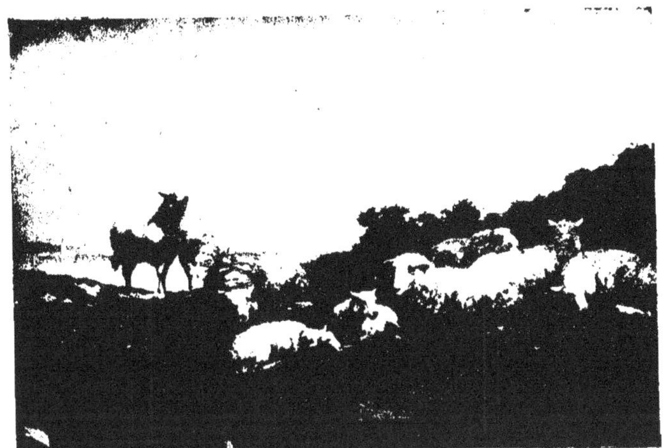

N° 14

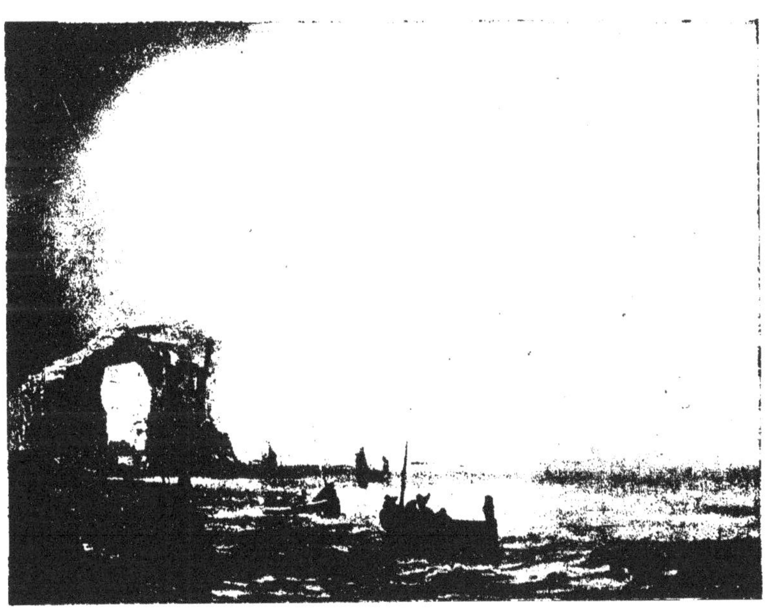

N° 15

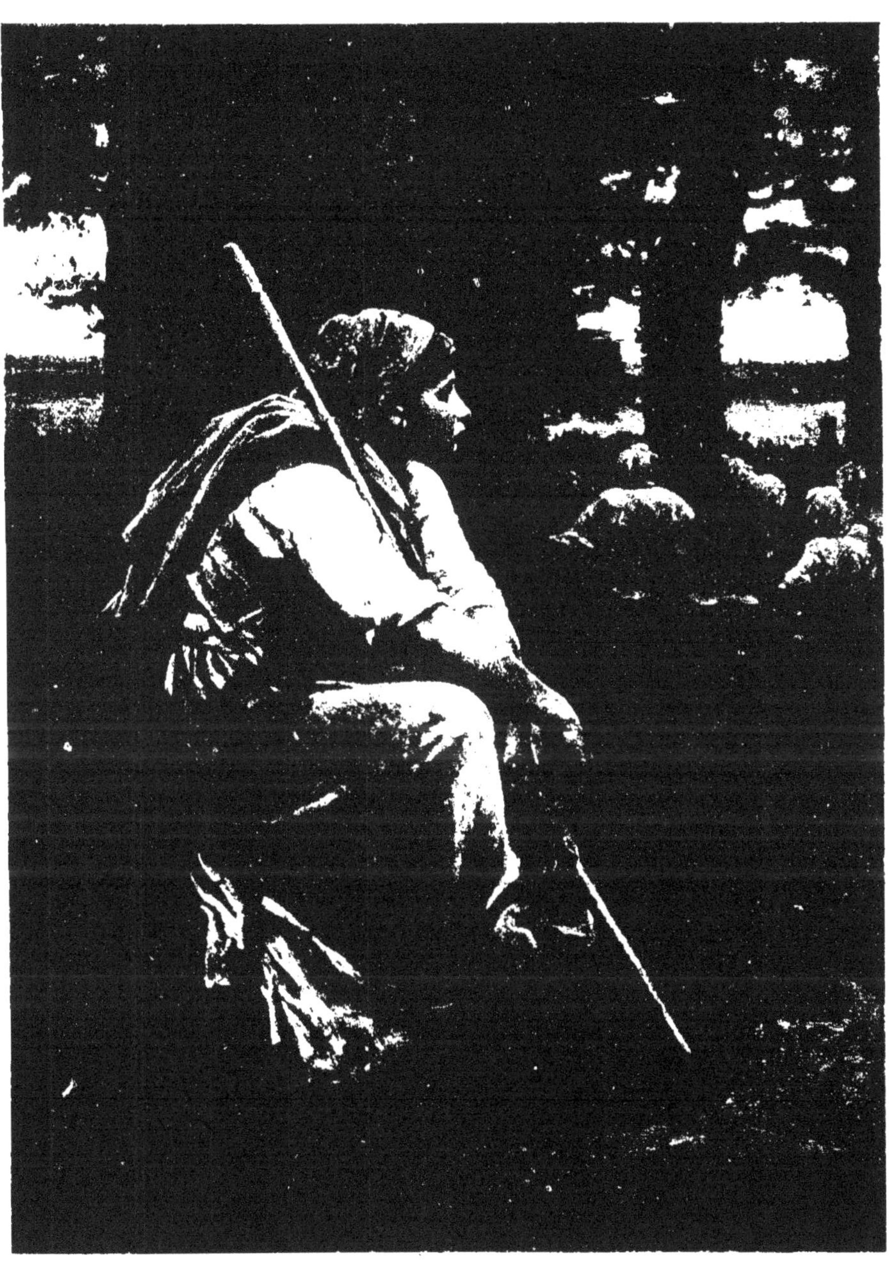

N° 16

CÉRAMIQUE ANCIENNE

———•◦•———

5 PLAQUES EN DELFT

1. Deux grandes plaques Delft

Deux très belles plaques ovales polychrome représentant l'entrée d'un Parc.

Décor, paysages et personnages.

H. 0 m. 58, L. 0 m 48

2. Plaque Delft

Plaque ovale Delft polychrome, représentant une scène de patinage. Décor, nombreux personnages, chevaux et traineaux.

H. 0 m. 58, L. 0 m. 48

3. Plaque Delft

Plaque ovale Delft polychrome représentant l'entrée d'un port.

H. 0 m. 58, L. 0 m. 48

4. Plaque Delft

Plaque polychrome forme losangée, décor, paysage et nombreux personnages chinois.

H. 0 m. 39, L. 0 m. 39

2 DELFT DORÉS

5. Grand plat rond Delft doré

Beau plat rond, décor polychrome, marli orné de quatre guirlandes fleuries. Au centre, une branche d'arbre fleurie.

Diam. 0 m. 36

6. Plat creux Delft doré

Plat à pans coupés, décor à la corbeille fleurie sur fond bleu rehaussé d'or.

Diam. 0 m. 26

DELFT

7. *Delft.* — Deux belles petites potiches polychrome, décor de fleurs.

Pièce de très belle qualité comme émail.

H. 0 m. 14

8. *Delft.* — Deux grands plats ronds polychrome, décor de fleurs sur fond bleu.

Diam. 0 m. 32

9. *Delft.* — Deux grands plats polychrome décor aux mille fleurs.

Diam. 0 m. 31

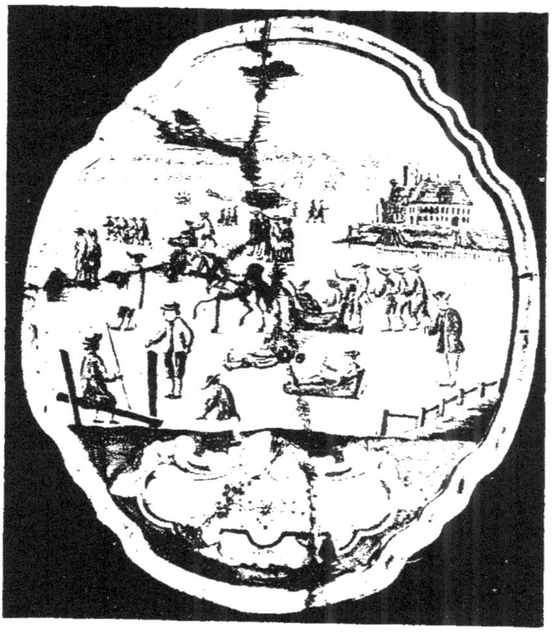

N° 2

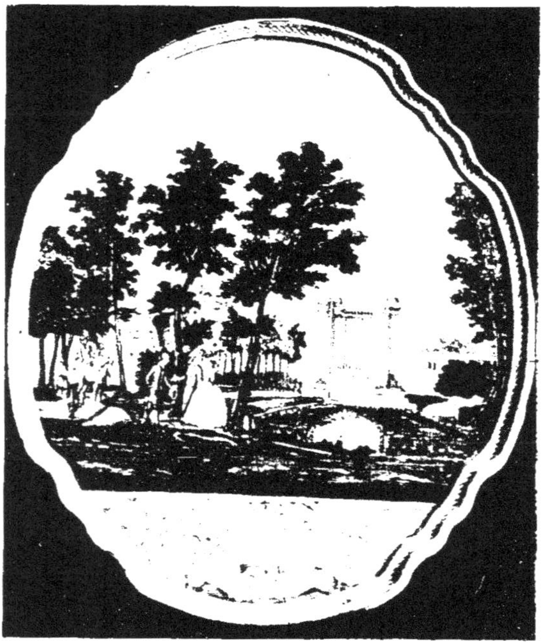

N° 1

10. — *Delft.* — Deux grands plats polychrome décor
de fleurs.

Diam. 0 m. 31

11. *Delft.* — Grand plat creux polychrome décor de
fleurs.

Diam. 0 m. 36

12. *Delft.* — Grand plat rond manganèse décor personnages chinois.

Diam. 0 m. 41

13. *Delft.* — Plat creux polychrome décor de fleurs.

Diam. 0 m. 35

14. *Delft.* — Assiette polychrome.

15. *Delft.* — Assiette polychrome.

16. *Delft.* — Assiette fond bleu.

18. *Delft.* — Deux grands pots à tabac, personnages in-
diens, fond marine avec inscriptions Hanover et
Bloemtie.

Haut. 0 m. 30

19. *Delft.* — Grande potiche fond bleu forme octogonale
décor de fleurs et d'animaux.

Haut. 0 m. 45

19 bis. *Delft.* — Grand plat bleu au centre un arbre
fleuri.

Diam. 0 m. 36

ROUEN

20. *Rouen*. — Très beau et grand plat rond à bord festonné, riche décor polychrome de goût chinois. Personnages et paysage.

Diam. 0 m. 48

21. *Rouen*. — Très beau et grand plat rond à bord festonné, riche décor polychrome de goût chinois. Pagode, fleurs, personnages.

Diam. 0 m. 44

22. *Rouen*. — Très belle soupière polychrome de forme octogonale, décor à la guirlande fleurie, le fond est formé d'une corbeille de fleurs.

Long. 0 m. 34, Larg. 0 m. 24

23. *Rouen*. — Grand et très beau plat ovale à bord festonné décor polychrome à l'œillet. Un faisan est perché sur une branche d'arbre fleurie.

Long. 0 m. 44, Larg. 0 m. 33

24. *Rouen*. — Magnifique jardinette à anses relevées, riche décor polychrome d'une finesse remarquable. Décor de fleurs.

Long. 0 m. 40, Larg. 0 m. 24

25. *Rouen*. — Deux potiches à pans coupés décor à la pagode.

Haut. 0 m. 18

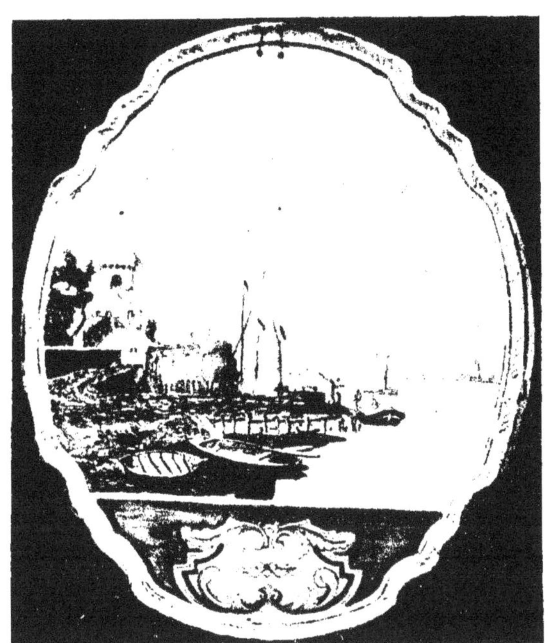

N° 3

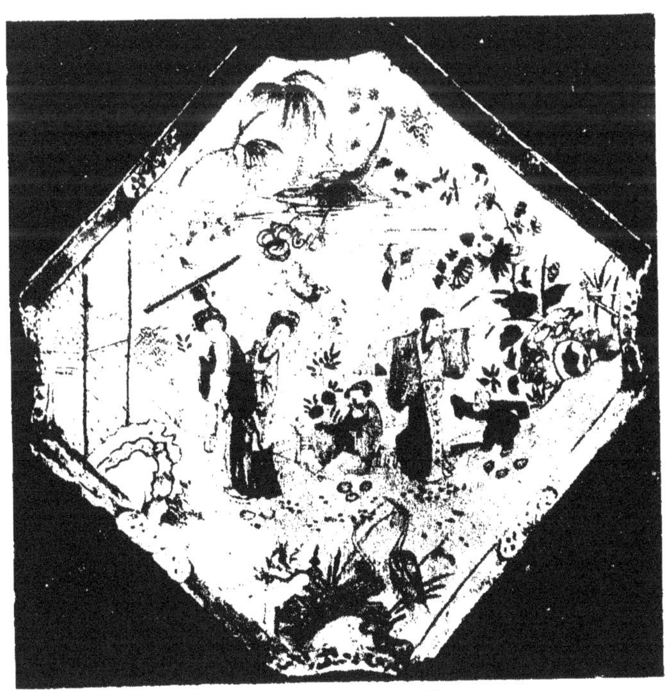

N° 4

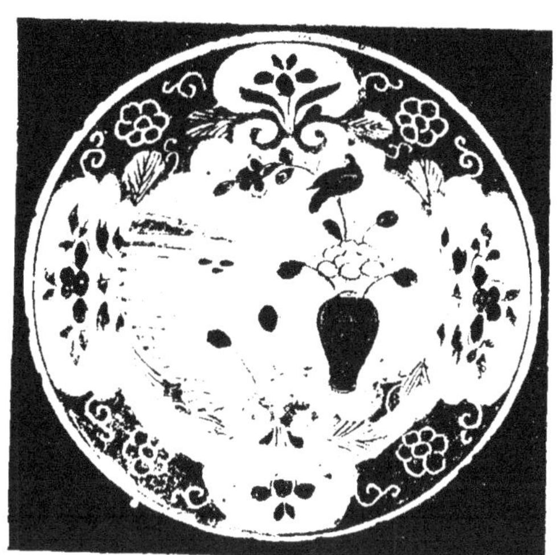

N° 8

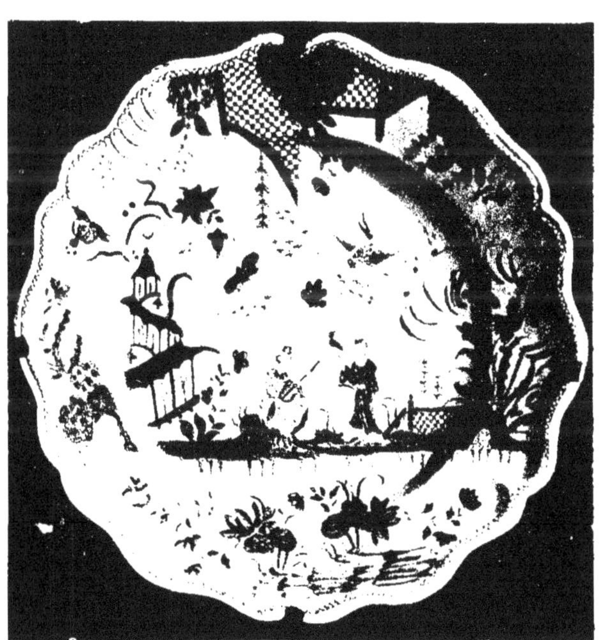

N° 20

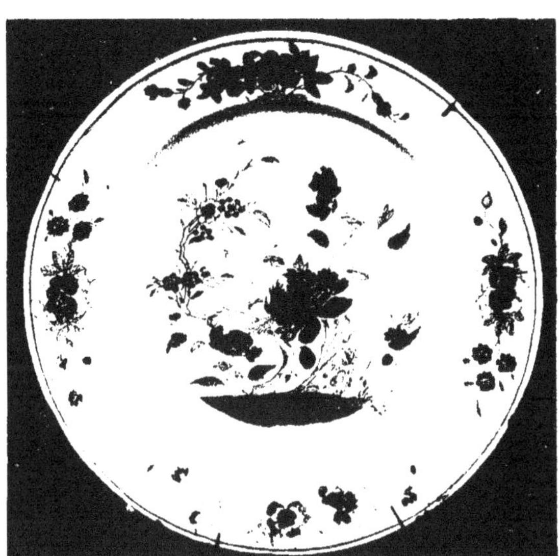

N° 5

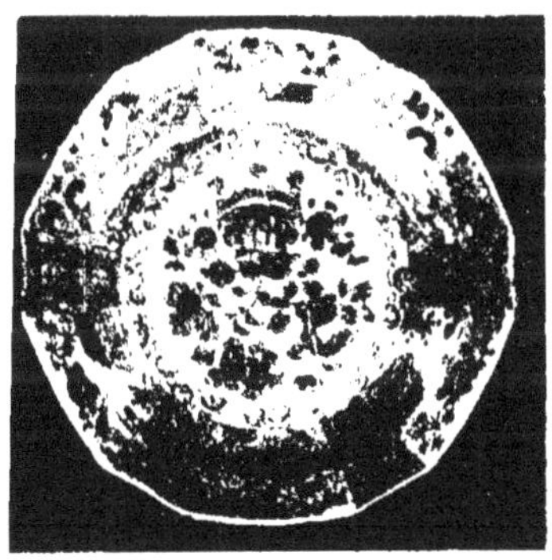

N° 6

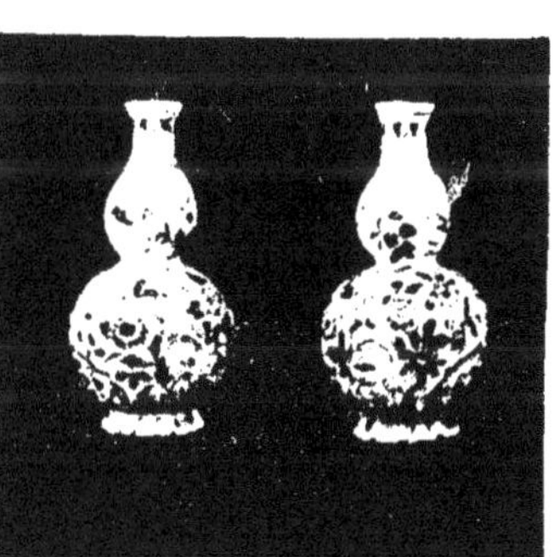

N° 7

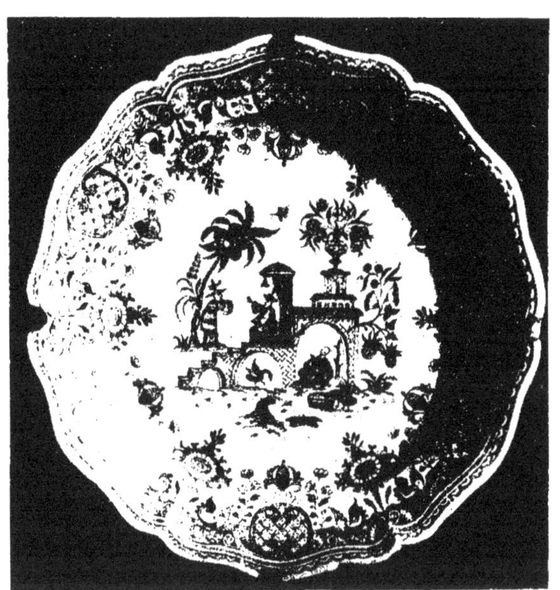

Nᵒ 21

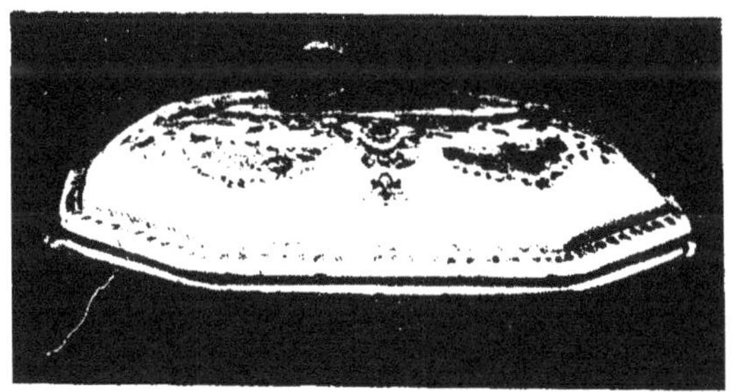

Nᵒ 22

26. *Rouen*. — Très grand plat polychrome de forme ovale. Décor à la double corne.

> Long. 0 m. 50, Larg. 0 m. 37

27. *Rouen*. — Grand plat bord festonné polychrome, décor de goût chinois.

> Diam. 0 m. 32

28. *Rouen*. — Grande soupière polychrome décor guirlandes de fleurs.

> Long. 0 m. 40, Larg. 0 m. 26

29. *Rouen*. — Deux belles assiettes polychrome décor à l'œillet.

30. *Sinceny*. — Grande jardinière polychrome décor de fleurs.

31. *Rouen*. — Bannette polychrome décor à la double corne.

> Long. 0 m. 41, Larg. 0 m. 24

32. *Rouen*. — Très belle assiette polychrome bord festonné décor au perroquet.

33. *Rouen*. — Deux grands plats ronds décor à la corne.

> Diam. 0 m. 35

34. *Rouen*. — Plat ovale polychrome décor à la corbeille fleurie.

> Long. 0 m. 40, Larg. 0 m. 28

35. *Rouen*. — Deux plats ovales décor à la corne.

36. *Rouen*. — Compotier décor à la corne.

37. *Rouen*. — Petit plat de forme ronde décor polychrome au panier fleuri.

38. *Rouen*. — Petit plat rouen décor à la corne.

39. *Rouen*. — Plat de forme ovale décor polychrome dit à la double corne.

40. *Rouen*. — Plat de forme ronde décor polychrome dit au carquois. Belle qualité.

41. *Rouen*. — Plat rond décor polychrome, personnages et pagode.

42. *Rouen*. — Assiette décor polychrome dit à la corne.

43. *Rouen*. — Plat creux de forme octogonale décor polychrome dit au carquois.

44. *Rouen*. — Petit plat creux de forme octogonale décor dit au carquois.

44. *Rouen*. — Petit plat creux de forme octogonale décor polychrome dit à la corne.

46. *Sinceny*. — Deux souliers.

46 bis. *Rouen*. — Plat rond polychrome dit à la double corne.

47. *Rouen*. — Assiette rouen polychrome dit à la corne.

48. *Rouen*. — Beau plat creux de forme ovale décor polychrome dit à la corne.

49. *Rouen*. — Plat rond polychrome décor au panier
fleuri.

49 bis. *Rouen*. — Pichet avec son couvercle décor polychrome à l'œillet.

LILLE, STRASBOURG, MARSEILLE ET DIVERS

50. *Lille*. — Deux très beaux plats ovales à bord festonnés, décor bleu, scènes flamandes. Des personnages sous des tonnelles formées de vignes se
reposent et goutent des fruits.

Long. 0 m. 47, Larg. 0 m. 36

51. *Strasbourg*. — Deux très grands et beaux plats ronds
à bords festonnés décor de fleurs.

Diam. 0 m. 48

52. *Saint-Amand*. — Deux baguiers décor de fleurs.

53. *Strasbourg*. — Bel encrier à deux godets forme rectangulaire.

54. *Douai*. — Sucrier décor bleu.

55. *Desvores*. — Quatre salières et moutardier, personnages.

56. *Marseille*. — Beau plat ovale décor paysage. La
rentrée des champs.

57. *Tournai*. — Beau service complet en tournai compre-
nant 159 pièces, dont :

      84 assiettes ordinaires
      36 assiettes dessert
      15 assiettes creuses
      5 plats ronds
      1 plat creux
      4 plats ovales
      3 fruitiers
      1 rafraichissoir
      1 soupière
      1 saladier
      2 raviers
      1 liguenrier
      1 moutardier
      3 sauciers
      1 beurrier

CHINE ET JAPON

58. Très beau pot en grès de Chine représentant un coq.

59. Deux compotiers.

60. Compotier.

61. Bol.

62. Soupière Japon.

63. Deux boîtes à thé Japon.

64. Service à thé composé de cinq tasses et sous-tasses,
théière, sucrier.

65. Trois tasses et sous-tasses Japon.

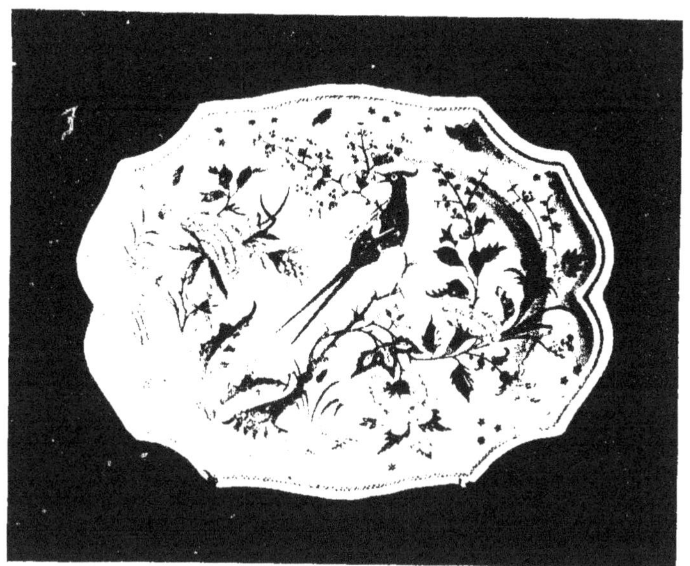

Nº 23

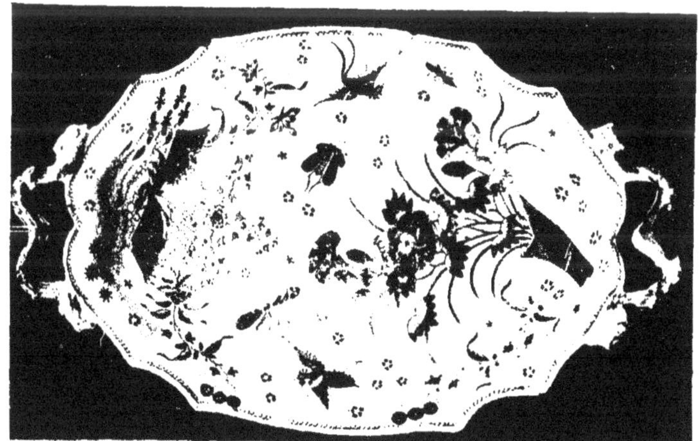

Nº 24

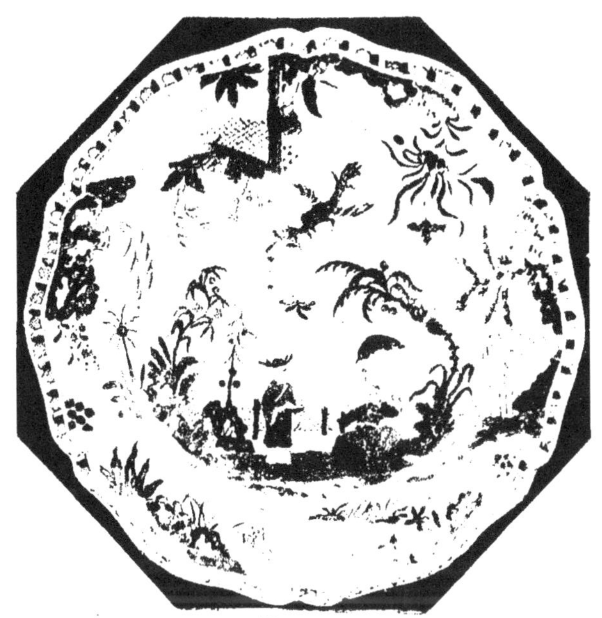

Nº 27

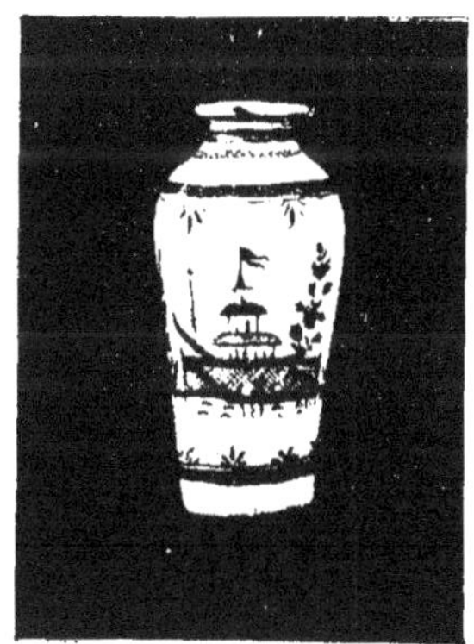

Nº 25

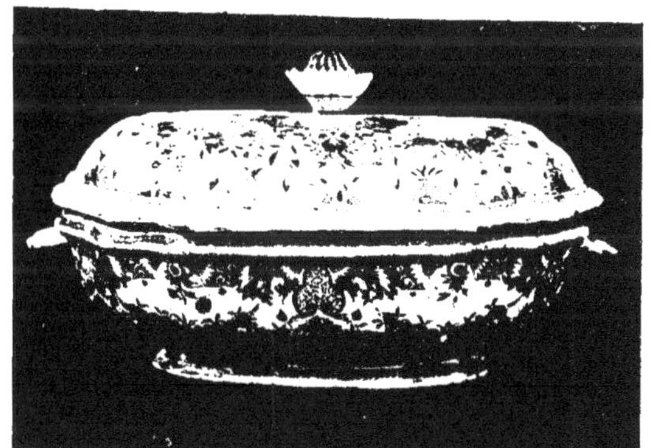

Nº 28

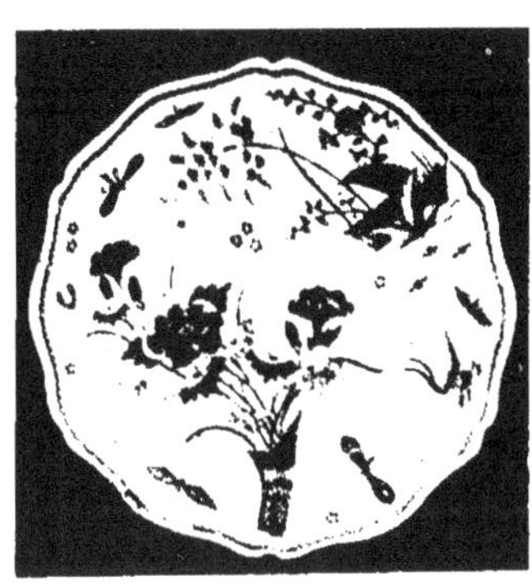

N° 29

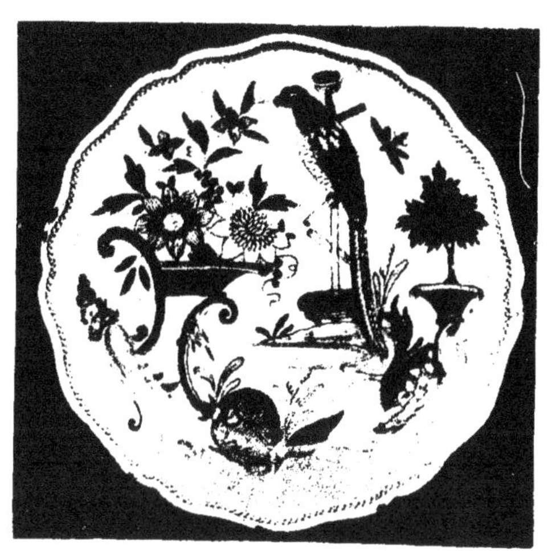

N° 32

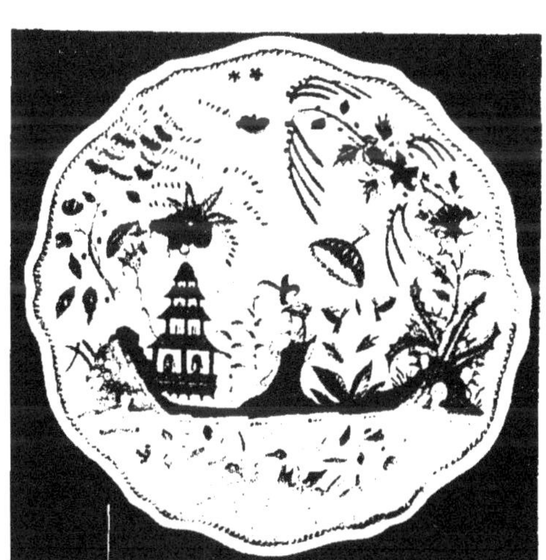

N° 41

66. Assiette Japon.

67. Potiche Japon.

68. Deux potiches Japon.

69. Deux cornets Japon.

70. Deux potiches Chine.

71. Deux assiettes Chine.

72. Deux cornets Japon.

73. Deux bouteilles Japon montées sur bronze.

74. Garniture de trois pièces en Japon. Potiche et deux cornets.

75. Sucrier en Chine.

76. Deux assiettes Japon.

77. Deux assiettes Japon.

78. Deux assiettes Japon.

79. Deux plats Japon.

80. Assiette Japon.

SAXE, SEVRES

81. Trois statuettes Saxe :
    L'Orgueil
    La Luxure
    L'Ivresse

82. Deux corbeilles Sèvres

GRES

83. Grande cruche en grès

Haut. 0 m. 38

84. Grand pot forme couronne avec couvercle surmonté
d'un personnage.

Haut. 0 m. 56

85. Pichet

86. Verseuse

87. Cornet

BIJOUX ET ARGENTERIE

88. Bijoux

89. Argenterie

Les nombreux objets correspondant à ces deux numéros du
Catalogue seront exposés *Lundi* et *Mardi*.

MEUBLES ET OBJETS DIVERS

90. Grande garde-robe en chêne sculpté

91. Commode en chêne sculpté

92. Grande table Louis XVI en chêne dessus marbre

93. Table Louis XIV dessus marbre

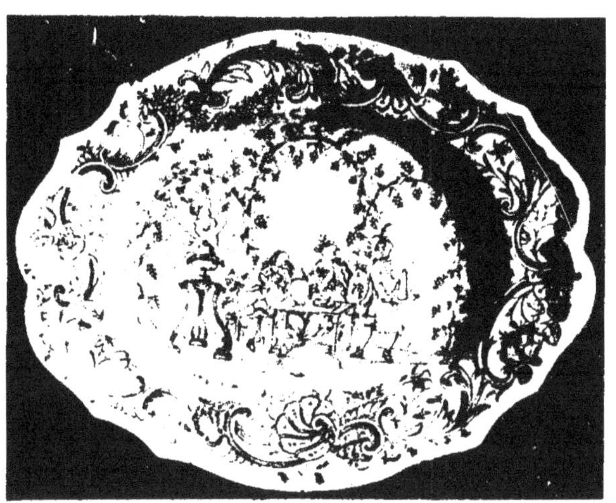

N° 50

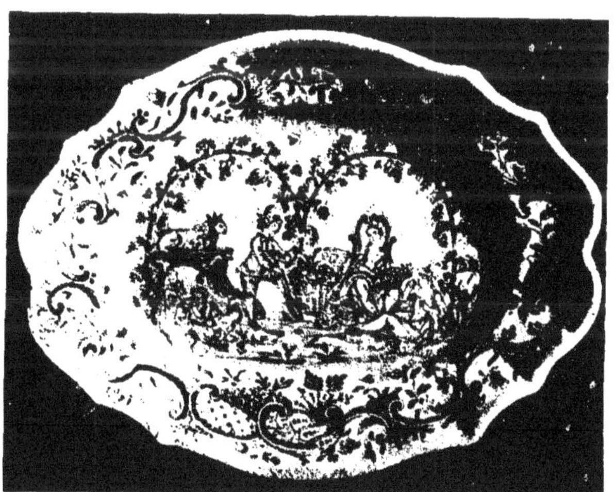

N° 50

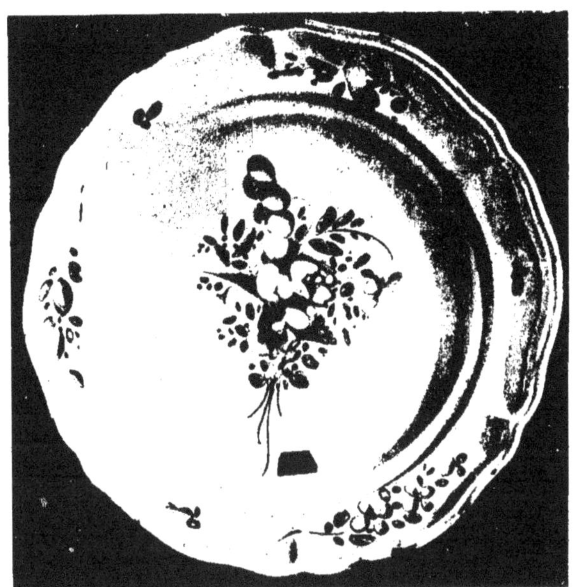

No 51

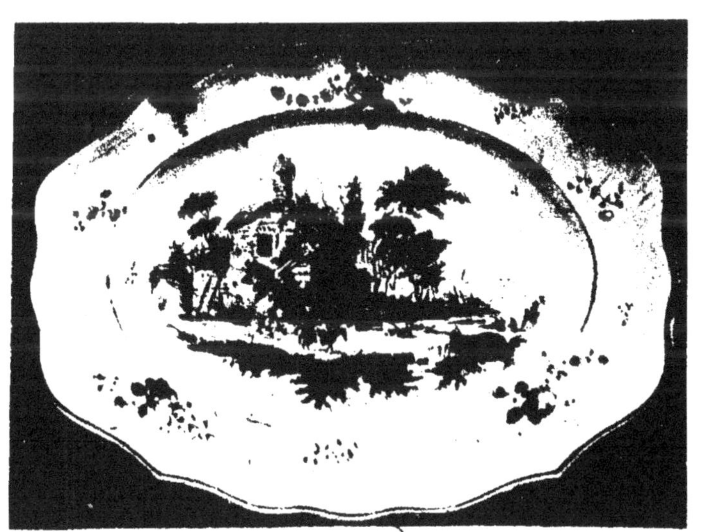

No 56

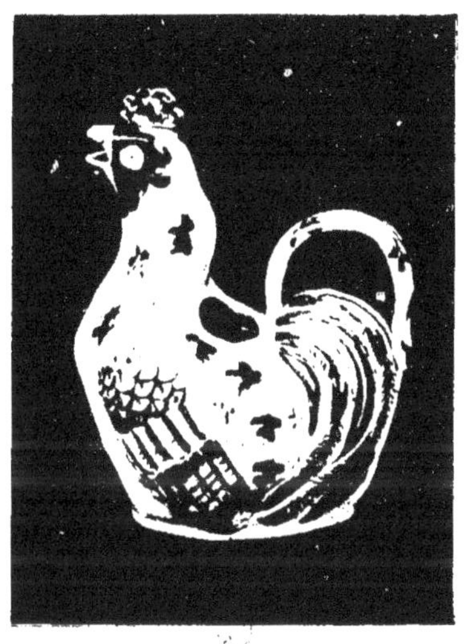

N° 58

94. Pendule Empire bronze doré

95. Flambeaux

96. Christ ivoire

97. Guéridon Sèvres monté sur pied bronze

98. Petite table ronde Empire marbre et bronze

99. Baromètres

100. Nombreux objets non catalogués

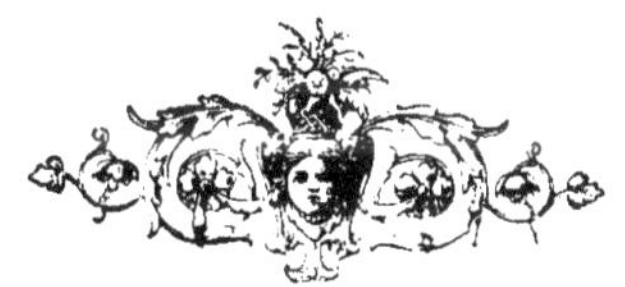

9 782329 520797